César Manrique

Patrocinio de la edición

César Manrique

Fernando Ruiz Gordillo

FUNDACIÓN

CÉSAR

MANRIQUE

Lanzarote

1919-1945

ésar Manrique was born in Arrecife, the administrative capital of Lanzarote on April 24, 1919, at Puerto Naos on the bank of the Charco de San Ginés, to a local middle-class family —his father was a business agent. He had a brother and two sisters, one of whom was his twin. He spent most of his childhood and youth in the capital city. He was a restless, lively child, and although not an outstanding pupil, he amazed his teachers and classmates with his talent for drawing.

Arrecife at that time was a small, bashful city facing the sea, indifferent to the cultural events of the period. In such an isolated and provincial atmosphere, not the most appropriate to stimulate artistic vocations, at first Manrique was essentially self-taught. Nonetheless, these years were extremely important for the artist: on the one hand, because the many handicraft shops in the vicinity of Puerto Naos —shipwrights, tinsmiths and so on— afforded him the opportunity to watch master craftsmen at work and discover the plastic techniques they used in making their ware; and on the other because the first expression of his overwhelming fantasy was sketched on that shore.

Although the artist discovered the sea at Charco and, on its shore, the fundamental beauty of a luminous, transparent wilderness, it was the experience gained during the long summers at Caleta de Famara which would be instrumental in Manrique's personal and artistic career. In the mid-thirties, his father built a house in Caleta, a small fishermen's haven

César Manrique with his brothers and sisters.

ésar Manrique est né le 24 avril 1919 à Arrecife, capitale administrative de Lanzarote, à Puerto Naos, sur les rives du Charco de San Ginés, au sein d'une famille appartenant à la petite bourgeoisie locale (son père était commis voyageur). Il avait un frère et deux sœurs, l'une d'elles sa sœur jumelle. Il passa la plus grande partie de son enfance et de son adolescence dans la capitale de l'île. Très jeune, il s'est révélé comme un garçon à la fois vif et inquiet, pas particulièrement brillant dans ses études, mais qui surprenait ses camarades et ses maîtres par sa très grande facilité pour le dessin.

Arrecife était alors une petite ville timide, tournée vers la mer, indifférente aux événements culturels de l'époque. Son style de vie, isolé et provincial n'était pas fait pour encourager des vocations artistiques. Sa formation initiale fut donc celle d'un autodidacte. Ces années-là ont cependant représenté quelque chose de très important pour l'artiste. Elles lui permirent premièrement de satisfaire sa curiosité, grâce à la très grande activité artisanale des alentours du Puerto Naos, en observant le savoir faire des maîtres artisans —charpentiers de marine, ferblantiers, etc.— et la plasticité de leurs produits. En plus, c'est au milieu des paysages marins de son enfance qu'il a gribouillé les premiers traits de sa fantaisie débordante.

Mais si c'est au Charco que Manrique découvrit la mer et sur ses rives qu'il apprit àconnaître la beauté élémentaire d'une nature lumineuse et transparente,

César Manrique avec ses fréres et soeurs.

on the north coast of Lanzarote in one of the most striking natural settings in the Canary Islands. Constant contact with these spectacular surroundings made a lasting impression on the young Manrique: his strolls along the beach at Famara —poking about in its ponds and dunes— and his excursions to Risco with his friends, deeply engraved in his memory, were to become life-long mental visions.

In March, 1992, a few months before his death, the artist referred to the importance of his experience at Famara in the speech he delivered to inaugurate the Foundation which bears his name:

> *Today my childhood memories are very close. Those wild summers in Caleta, where light was my personal possession and every day the sea filled the salty, fisherman's eyes of Feliciano, strike me with nostalgia and joy. Today, my memory takes me back to the Atlantic, my master, that supreme, perpetual lesson of enthusiasm, passion and freedom".*

Years later, in 1968, he would return to the Atlantic light which revealed its innermost truth to him to found his mythical vision of the world.

Manrique's childhood friends describe him as an imaginative child whose candid, astonished gaze dwelled on things of no interest to his playmates. At a very early age, he spoke of admiration for Picasso, Matisse and Braque, artists he had read about in the magazines his father would bring him on his return from his many business trips. In 1936, the Millares family came to Lanzarote from Las Palmas, where they had been active in the city's cultural circles. When Manrique became friendly with Agustín, José María, Manolo and Jane, young wells of information on art

Sin título, 1944.

Sin título, 1952.

c'est au cours de longs séjours estivaux à Caleta de Famara que l'artiste a vécu certaines expériences qui allaient finalement décider de son destin personnel et artistique. Vers le milieu des années trente, son père construisit une maison à Caleta, un petit port de pêche sur la côte nord de l'île, enclavé dans un des paysages naturels les plus singuliers des Canaries. Le contact permanent avec ce milieu naturel spectaculaire laissa une trace indélébile sur le jeune Manrique: les promenades le long de la plage de Famara, s'attardant dans les criques et les dunes, et les excursions à Risco avec ses amis se sont gravées dans sa rétine au point de devenir une partie essentielle de sa mémoire.

Peu de temps avant de mourir, l'artiste rappela l'importance des expériences vécues à Famara dans le discours qu'il prononça, en mars 1992, lors de l'inauguration de la Fondation qui porte son nom:

"Ma mémoire est aujourd'hui toute pleine de souvenirs encore proches de l'enfance. Je me rappelle avec nostalgie et avec joie ces étés sauvages de Caleta, où j'arrivais à posséder toute la lumière et où la mer emplissait tous les jours les yeux salins et pêcheurs de Feliciano. L'océan Atlantique, mon vrai maître, me revient aujourd'hui à la mémoire, et avec lui cette leçon suprême et constante d'enthousiasme, de passion et de liberté."

Frutos en la alfombra, 1952.

Une lumière atlantique qui lui révéla sa vérité la plus intime et à laquelle il recourut beaucoup plus tard, en 1968, pour créer sa vision mythique du monde.

Ses amis d'enfance décrivent Manrique comme un garçon imaginatif, dont le regard plein d'ingénuité et

and culture unknown to Manrique, he had finally found people with whom to share his artistic interests.

Three years later, in 1939, after participating in the Civil War —a traumatic experience which accounts for his subsequent radical antimilitaristic attitudes— he made friends with Pancho Lasso, a sculptor who had, with Alberto Sánchez, been involved in the Vallecas School and with whom he held many a conversation on art and the island's plastic dimension.

Shortly afterwards, he moved to Tenerife to study construction engineering, to please his father. But the parental attempt to dissuade César from painting was futile: seduced by Nestor de la Torre's murals in the Santa Cruz Casino, he left school and reaffirmed his vocation for painting.

Manrique held his first individual exhibition in 1942 in the Cabildo Insular (Island Council Headquarters) and in 1944, he took part, along with other artists from the province of Las Palmas, in a collective exhibition at the National Gallery of Modern Art in Madrid. His compositions consisted essentially of portraits and landscapes inspired by local customs and manners: scenes of the sea and countryside in which he tried to portray the most significant elements of his environment, often including examples of the island's traditional architecture. These paintings, his apprenticeship as an artist, seem at times to have a kind of monumental, sensual air about them, possibly a·legacy from Nestor —an artist whom he admired— and a trait which in time would become one of the characteristic features of his art.

Signos, 1954.

Origen del hombre, 1954.

d'étonnement s'attardait sur tout ce qui l'entourait, s'intéressant à des détails que ses compagnons d'aventures ignoraient. C'est très jeune qu'il montra son admiration pour Picasso, Matisse et Braque, qu'il apprit à connaître à travers les revues que lui rapportait son père de ses nombreux voyages d'affaires. C'est en 1936, avec l'arrivée à Lanzarote de la famille Millares qui venait de Las Palmas, où elle avait participé de façon active à la vie culturelle, et après s'être lié d'amitié avec Agustín, José María, Manolo et Jane, de jeunes spécialistes d'un art et d'une culture que Manrique ignorait, qu'il put partager pour la première fois ses inquiétudes artistiques.

With friends on the beach, Lanzarote.   Avec ses amis sur la plage, Lanzarote.

Retrato con pintura. *Portrait.*

Portrait.

Trois ans plus tard, en 1939, après avoir participé à la guerre civile, une expérience traumatisante qui explique l'antimilitarisme radical qui s'en est suivi, commence son amitié pour Pancho Lasso, un sculpteur qui faisait partie avec Alberto Sánchez de l'École de Vallecas, avec qui il eut de longues conversations sur l'art et la dimension plastique de l'île.

Peu de temps après, pour faire plaisir à son père, il s'installe à Tenerife avec l'intention d'étudier l'architecture technique. Mais les efforts de son père pour éloigner César de la peinture sont inutiles, car celui-ci, séduit par la beauté précieuse des fresques de Néstor de la Torre au Casino de Santa Cruz, renonce à poursuivre ses études et réaffirme sa vocation de peintre.

Manrique réalise sa première exposition individuelle en 1942 dans les salons du Gouvernement Provincial des Canaries et il participe en 1944 à une exposition collective d'artistes de la province de Las Palmas au Musée National d'Art Moderne de Madrid. Ses compositions étaient surtout des portraits et des paysages appartenant à la peinture de genre: scènes marines et champêtres, où il tente de saisir les éléments les plus significatifs du milieu naturel dans lequel il vit et où il insère fréquemment des détails de l'architecture traditionnelle de l'île. Des oeuvres d'apprentissage, dans lesquelles on peut remarquer parfois un certain air à la fois monumental et sensuel, hérité probablement du modernisme tardif de Néstor —un créateur qu'il admirait— et qui deviendra avec le temps un des traits caractéristiques de son art.

Madrid

1945-1965

He moved to Madrid in 1945 on a scholarship and enrolled at the Academia de Bellas Artes de San Fernando (St Ferdinand Fine Arts Academy), where he studied under Vázquez Díaz and Eduardo Chicharro, inter alia. His classmates included Francisco Echauz, Francisco Farreras and José María Labra, and the four soon became friends. Not long afterwards, he met Pepi Gómez, his future wife, to whom he was very closely attached until her death in 1963.

When the artist came to Madrid, his personal experience was essentially based on his life in a relatively small area with which he was fully identified. The importance of moving for Manrique can be seen in the evolution in his painting between 1945 and 1953/54. The island imagery —ships, creels, palm trees, fish— was still present but it gradually began to recede from the virtuosity and realism of his earlier paintings, giving way to his concern for a synthetic perception of reality, his need to capture its distinctive characteristics. Thus, he adapted his plastic language to his new pictorial needs, experimenting with new forms under the apparent influence of Matisse (in colour) and Picasso (in drawing technique).

His search for the definition of the elementary structure of things led him to compose a series of monotypes in 1953-54 —exhibited at the Clan Gallery in Madrid in 1954— with which he investigated further into non-figurative art, thereby identifying his work with the vanguard ideals of artists striving to renovate

With his wife, Pepi Gómez, in Formentor, 1948.

Avec sa femme, Pepi Gómez, Formentor, 1948.

Manrique avec Vázquez Díaz et Cumellas, 1955.
Manrique with Vázquez Díaz and Cumellas, 1955.

râce à une bourse qu'il obtient en 1945, il s'installe à Madrid et entre à l'École des Beaux-Arts de San Fernando où il a comme professeurs, entre autres, Vázquez Díaz et Eduardo Chicharro. Il coïncide dans ses cours avec Francisco Echauz, Francisco Farreras et José María Labra, avec qui il se lie d'amitié. Peu de temps après, il fait la connaissance de celle qui allait devenir sa femme, Pepi Gómez, avec laquelle il maintiendra une relation sentimentale très intense jusqu'à la mort de celle-ci en 1963.

L'artiste arrive à Madrid avec une expérience personnelle caractérisée principalement par la vie menée sur un territoire exigu, qui lui avait permis de s'identifier pleinement avec le paysage. L'importance que pour Manrique eut le changement de résidence apparaît dans l'évolution de sa peinture de 1945 à 1953/54. Le fantastique insulaire —les bateaux, les nasses, les palmiers, les poissons— figure toujours dans ses compositions, mais celles-ci s'éloignent petit à petit de la virtuosité réaliste de ses premières oeuvres pour laisser la place à son besoin de synthétiser sa compréhension de la réalité afin d'en extraire ses caractéristiques de base. Il adapte pour cela son langage plastique á de nouveaux objectifs de représentation. De nouvelles formes où l'on reconnaît l'influence de Matisse dans la couleur et celle de Picasso dans le dessin.

Sa volonté de définir les structures élémentaires des choses l'amène à composer en 1953-54 une série

Spanish post-war art. In that same year, he, together with Manolo Conde, an art critic, and Fernando Mignoni, another painter, helped found the Fernando Fe Gallery, which was to specialise in non-figurative art.

Even though most of this work was done in Madrid, art reviews tended to relate it to his native island. The artist, asked in 1955 about the influence of his homeland on his painting, replied as follows:

I have always had the impression that it is no longer part of this world, if it ever was. My painting, then, inspired as it is directly by Nature, may seem tremendously rational. And it is, naturally, in so far as today's painters must ponder their inventions (...), one's place of origin may provide good sentimental support but art reaches beyond these innocent naturalistic references. What I take from the scenery of my home is not its architecture but its dramatic feeling, its essence which is, to my way of thinking, what really matters".

In 1958, this search for the essential brought him to remove the schematic and secretive pictograms, up to then characteristic of his non-figurative work, from the surface of his paintings, in an attempt to express more with fewer plastic resources. This period of fundamental austerity entailed a search for the material he would later use in his mature painting: materials which would, from that time on, assume a leading, almost exclusive, role in his work, whose prowess lies in the relief these materials afford.

By the early fifties, Manrique was an artist of renown. Thus, he was selected to take part in the Venice Biennial in 1955 and again in 1960. He was also

At his studio, Covarrubias, Madrid, 1962.

Dans son atelier de Covarrubias, Madrid, 1962.

de monotypes qu'il expose à la Galerie Clan de Madrid en 1954, ce qui lui permet d'approfondir ses recherches dans l'art non figuratif et de situer son oeuvre parmi celles d'un groupe d'artistes d'avant-garde préoccupés par le renouvellement de l'art espagnol de l'après-guerre. Cette même année, il ouvre, avec le critique Manolo Conde et le peintre Fernando Mignoni, la galerie Fernando Fe, résolument spécialisée en art non figuratif.

Bien que la plus grande partie de son oeuvre ait été réalisée à Madrid, la critique n'a cessé de la rattacher à son île natale. L'artiste, interrogé sur l'influence de celle-ci sur sa peinture, explique en 1955:

"Cela m'a toujours donné l'impression de quelque chose qui a réellement existé dans ce monde, mais qui n'en fait plus partie. C'est pourquoi ma peinture, inspirée directement par la nature, semble une peinture absolument cérébrale. Et elle l'est naturellement, dans la mesure où le peintre d'aujourd'hui doit méditer ses inventions (...). La terre peut servir d'appui sentimental, mais l'art va plus loin que ces innocentes références naturalistes. Pour ma part, je ne copie pas l'architecture des paysages de ma terre, j'en extrais plutôt son sens dramatique, son essence, ce qui est vraiment important pour moi."

Cette recherche de l'essentiel l'amène en 1958 à faire disparaître de la surface de ses tableaux les picto-grammes schématiques et secrets qui étaient autrefois caractéristiques de sa peinture non figurative, afin d'obtenir le maximum d'expressivité avec le minimum de moyens plastiques. Une étape d'austérité fondamentale, dans le but de trouver le matériel avec lequel élaborer la peinture de sa maturité: la matière qui,

involved in several collective exhibitions of Spanish painting which were featured at the major European Galleries and held important individual exhibitions such as the ones at the Fernando Fe Gallery in Madrid or Craven in Paris.

Thanks to this public recognition, he was commissioned to paint murals at several institutions and private companies —Banco Guipúzcoano, Fénix Hotel, Princesa Movie Theatre, Barajas Airport (...)—; his frequent engagement in this activity gave him the opportunity to work with architects, with whom he shared opinions on town planning, and to defend the

grâce à la puissance de son relief,ä deviendra le protagoniste significatif et presque exclusif de sa peinture à partir de ce moment.

Au début des années cinquante, Manrique jouissait d'un grand prestige. C'est ainsi qu'il fut sélectionné pour la biennale de Venise de 1955, et de nouveau pour celle de 1960. Il participa également à plusieurs

Sin título, 1965.

integration of various art forms. Although still sketchy at that time, this idea constituted the foundation for the artistic propositions which he would develop some years later when he returned to Lanzarote.

His natural optimism and vitality came into full bloom as he saw one of his youthful dreams come true: to be able to make a living with his creative work. This, in turn, allowed him to develop another of his major passions: travelling. Manrique was a seasoned traveller and visited many countries in his life, attracted by the cultural and natural diversity of the human race.

Cienfuegos, 1964.

Avec le critique d'art Gaya Nuño dans les studios de TVE, Madrid, 1958.
With art critic Gaya Nuño in Spanish National TV studios, Madrid, 1958.

Avec Maud Westerdhal, Mignoni et Pablo Serrano, Madrid.
With Maud Westerdhal, Mignoni and Pablo Serrano, Madrid.

expositions de peinture espagnole qui parcoururent les principaux musées européens, ainsi qu'à des expositions individuelles importantes, telles que celles des Galeries Fernando Fe et Clan de Madrid, et Craven de Paris.

Le succès reconnu de son travail lui vaut différentes commandes de fresques de la part de plusieurs institutions et entreprises: Banco Guipuzcoano, Hôtel Fénix, Cinéma Princesa, Aéroport de Barajas, etc., une activité qui l'absorbe beaucoup et qui lui permet de collaborer avec des architectes qui partagent ses idées point de vue sur l'urbanisme, tout en défendant l'intégration des arts. Une idée qui n'est évidemment qu'une anticipation des propositions artistiques qu'il développera quelques années plus tard, lorsqu'il reviendra à Lanzarote.

Si sa vitalité et son optimisme débordants étaient des traits caractéristiques de sa personnalité, ils s'accentuèrent lorsqu'il put réaliser un des plus grands désirs de sa jeunesse, vivre de son travail créatif, ce qui lui a permis de se livrer à une de ses grandes passions, les voyages. Manrique fut un voyageur infatigable; il a, tout au long de sa vie, visité de trés nombreux pays, cherchant à découvrir la diversité culturelle et naturelle des peuples.

Nueva York   1965-1968

After two decades of intense artistic activity in Spain's capital, in December, 1964 he moved to New York, a city which, like Madrid, became a cornerstone in his biography. At that time, New York was a metropolis at the height of its cultural splendour. The artist was seeking a change in his life style, which had been very unstable since the death of his companion Pepi in 1963, as well as new stimuli for his art.

Under a grant from the International Institute of Art Education to study American art, he signed an exclusive contract with the prestigious Catherine Viviano Gallery, where he held three individual exhibitions.

With Andy Warhol and Barbara Rose, New York, 1984.

Avec Andy Warhol et Barbara Rose, New York, 1984.

Manrique dans la Catherine Viviano Gallery, New York, 1966.

At the Catherine Viviano Gallery, New York, 1966.

près deux décennies d'intense activité artistique dans la capitale de l'Espagne, il s'installe en décembre 1964 à New York, une ville qui, avec Madrid, constitue une étape fondamentale dans sa biographie. À New York, la culture était alors à son apogée. L'artiste y cherchait un changement dans sa vie instable depuis la mort de sa compagne Pepi en 1963. Il voulait aussi y trouver de nouvelles motivations pour son art.

Bénéficiant d'une bourse de l'Institut international de Formation Artistique pour étudier l'art américain, il est engagé en exclusivité par la Catherine Viviano Gallery, une galerie d'art prestigieuse où il expose individuellement à trois reprises.

Le contact direct avec l'expressionnisme américain (Pollock, Rothko), avec le pop art (Warhol, Rauschenberg), avec la nouvelle sculpture (César, Chamberlain), avec l'art cinétique, etc. fut très important pour son évolution artistique. Il a influencé non seulement sa peinture —Manrique réalise en effet ses premiers collages à New York, une technique qui lui permet de découvrir de nouvelles possibilités plastiques et de créer des oeuvres d'un grand lyrisme—, mais encore ses autres aspects créatifs, tels que la sculpture, les fresques, les interventions spatiales, etc.

Manrique était un homme prédisposé au plaisir de vivre. Conscient de la brièveté de la vie, il refuse de donner un sens tragique à l'existence. La métropole new-yorkaise n'a rien à voir avec le Madrid puritain où

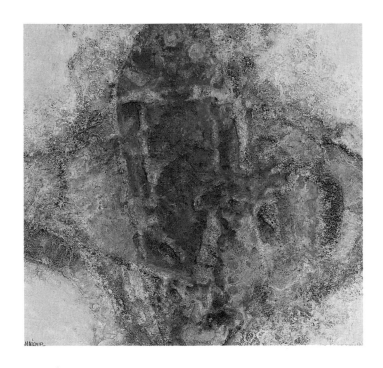

Zonsa, 1966.

His direct contact with American expressionism —Pollock, Rothko—, pop —Warhol, Raussemberg—, new sculpture —César, Chamberlain—, kinetic art, etc., was highly important to the evolution of his art, and not only of his painting. In fact, it was in New York City that Manrique did his first collages, a technique offering new plastic possibilities, enabling him to create some highly lyrical works, while his other creative inclinations, sculpture, murals, spatial design and so on developed.

Manrique was a man with a taste for pleasure, for enjoyment. His awareness of life's brevity kept any tragic sense of existence at a distance. Metropolitan New York could not have been more unlike the puritanical city of Madrid where he had lived for such a long time and it fascinated the artist: museums, concerts, exhibitions and an intense social life, together with personal friendship with cultural celebrities such as Barbara Rose, John Bernard Myers, Andy Warhol, to name a few.

l'artiste avait vécu longtemps; elle le fascine par ses musées, ses concerts, ses expositions et sa vie sociale intense, qui lui donnent l'occasion d'établir des liens d'amitié avec des personnalités du monde culturel telles que Barbara Rose, John Bernard Myers, Andy Warhol, etc.

Collage pour la couverture du livre *Lancelot*, Agustín Espinosa, 1968.

Collage for the cover of the book *Lancelot,* by Agustín Espinosa, 1968.

Lanzarote

1968-1992

P aradoxically, while living in the Big Apple culminated all his aspirations —Manrique always considered the years in New York to be the most enlightening experience in his life— contradictory feelings forced him to take a new vital turn. He admired the city, its cultural drive, its liberal atmosphere but, at the same time, he was concerned about the lack of spirituality he felt in that artificial, overcrowded, competitive world. It did not take him long to understand that his vital energy sprang from a place which had become rooted in his memory and refused to be ignored: "My truth is in Lanzarote" he wrote in his diary, and so he returned to his childhood abode, this time to stay.

At his studio Taro de Tahíche, 1972.

Dans son atelier de Taro de Tahíche, 1972.

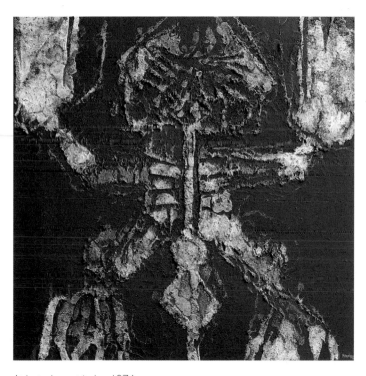

Aplastado en piedra, 1974.

aradoxalement, dans ce cadre de vie qui comblait toutes ses aspirations —Manrique a toujours considéré que ces années passées à New York étaient celles qui lui avaient le plus appris—, la découverte de certaines sensations l'obligea à remettre de l'ordre dans son style de vie. Il admirait la ville, sa vigueur culturelle, sa liberté, mais le vide spirituel qu'il ressentait dans ce mode artificiel, massifié et compétitif l'inquiétait. Il lui fallut peu de temps pour se rendre compte que son souffle vital appartenait à un espace fortement gravé dans sa mémoire et qu'il ne pouvait oublier: "C'est à Lanzarote que se trouve ma vérité", avait-il écrit dans son journal, et il revient définitive- ment aux paysages de son enfance.

Bien qu'il ne résidât plus dans l'île depuis longtemps (1945), l'artiste n'a jamais cessé d'y retourner avec une certaine assiduité, surtout pendant les vacances. Des séjours temporaires dont il profitait pour retrouver ses vieux amis, pour se reposer, mais aussi pour réaliser quelques travaux: les fresques du Parador d'Arrecite (1950), celles de l'ancien Aéroport de Guacimeta (1953). Il s'intéressait également à l'avenir et au futur de l'île, principalement aux activités architectoniques et urbanistiques. C'est ainsi qu'il réclama publiquement la création d'une "conscience insulaire de ce que doit être réellement l'urbanisme".

Quand il revient en 1968, Lanzarote se trouvait dans une situation délicate, car la société insulaire et l'artiste lui-même désiraient développer le tourisme comme solution idéale à la pauvreté endémique.

Although he had moved away from the island early on in his life (1945), the artist had often returned on visits, especially for holidays, when he would meet with old friends, rest and occasionally, accept work —the murals in the Arrecife *Parador* (State-owned hotel) (1950), for instance, or the mural in the old Guacimeta airport (1953). He had always shown an interest in the island's future as well, in particular how its architecture and town planning could be made to blend in with its geography. Hence, in 1959 we find him calling for the creation of "an island awareness of what town planning should really involve".

When he returned in 1968, he found Lanzarote at an important historic crossroads: it had begun to develop the tourist industry as a panacea for its endemic poverty, with the enthusiastic approval of the island's population and the artist himself.

Concerned about the possible implications and consequences of this industry, Manrique expressed his reservations in the media on several occasions: "I am a little apprehensive about the avalanche of tourists which is approaching Lanzarote" (1965).

His return, then, was motivated both by personal reasons and by his awareness of the relevance of that particular time in the island's history. This explains, in part, the timing of his enormous efforts to conserve the natural environment.

Lanzarote was fast becoming a service sector economy catering to the tourist industry and there seemed to be no other alternative in sight. Manrique knew by intuition that the island's natural beauty would become its major source of wealth but he also knew that, due to its great fragility, unwise policies

At his studio Taro de Tahíche.

Dans son atelier de Taro de Tahíche.

Préoccupé par les possibles implications et conséquences de cette activité économique, Manrique manifesta à plusieurs reprises ses inquiétudes: "Je suis un peu préoccupé en pensant à l'avalanche touristique qui menace Lanzarote" (1965).

À ses motivations personnelles l'incitant à revenir, s'ajoute par conséquent la prise de conscience du moment historique que traversait l'île. Ceci explique, en partie du moins, son intense activité initiale consacrée à la protection de l'environnement.

Lanzarote s'acheminait avec décision vers une économie de services de type touristique à laquelle il ne semblait pas y avoir d'alternatives. Manrique comprit que, grâce à leur valeur naturelle et à leur beauté, les paysages de l'île pouvaient devenir sa principale source de richesse, bien qu'il craignît également que, en raison de leur extrême fragilité, des interventions malheureuses pussent les endommager de façon irréversible. Il était donc très important de savoir ce qu'il fallait faire et comment il fallait le faire. C'est ainsi que l'artiste a démontra sa grande habileté: unir la production d'éléments pour le plaisir visuel du touriste et la conservation des paysages. Cela permettait, par ailleurs, de créer une image de marque qui, en intégrant la géographie et la culture, serait compétitive sur le marché touristique, et aussi un signe d'identification d'une exceptionnelle nouveauté, car Lanzarote prétendait offrir un nouveau rapport de l'homme avec son environement, basé non plus sur l'agression mais sur le dialogue.

Un modèle d'intervention dans le territoire que l'artiste a implanté dans l'île avec l'appui du Gouvernement Provincial des Canaries, principale institution publique de Lanzarote, et le soutien d'un

Au Maroc, 1972.   In Morocco, 1972.

could irreversibly endanger it. It was, therefore, most important at that time to know what to do and how to do it. It is to the artist's eternal credit that he was able to answer these questions correctly: to combine the production of consumer elements for the visual enjoyment of tourists with the conservation of nature, creating at the same time an image, a brand name which, based essentially on the island's geography and culture, would be competitive on the tourist market. Moreover, this trademark was extremely original, since what Lanzarote was offering was a new relationship between man and nature based not on aggression but on harmony.

The artist, in conjunction with the Island Council —the chief public institution in Lanzarote— and a group of enthusiastic supporters, instituted this model for territorial planning on the island. Despite some initial reluctance, the model has been praised internationally —World Ecology and Tourism Award, Berlin (1978), Europa Nostra Award (1986)— receiving world-wide renown when the UNESCO declared Lanzarote to be a World Biosphere Reserve in 1993.

In order to accomplish these aims, Manrique worked in two complementary directions. On the one hand, he promoted and participated in initiatives intended to safeguard the island's natural and cultural resources. Of particular importance in this regard were his efforts to conserve folk architecture —the publication of *Lanzarote: Arquitectura inédita* (Lanzarote, Untold Architecture) came in response to this need— and to develop environmental awareness, which is now one of the emblematic traits of Lanzarote society. Furthermore, he mapped out a symbolic route for touring the island in order to regulate the use and enjoyment of its scenic beauty. He

Aplastado en cenizas, 1976.

Avec l'actrice Nuria Espert et le poète Rafael Alberti dans *El Almacén*, Lanzarote, 1979.

With actress Nuria Espert and poet Rafael Alberti, *El Almacén*, Lanzarote, 1979.

groupe de collaborateurs enthousiastes; une réalisation qui, malgré certaines réticences initiales, a reçu l'approbation de la critique internationale —Prix Mondial d'Écologie et de Tourisme de Berlin (1978), prix Europa Nostra (1986)— et la consécration définitive de l'Unesco, qui déclara Lanzarote Réserve mondiale de la biosphère en1993.

Pour atteindre les objectifs marqués, Manrique travaille dans deux directions complémentaires. Premièrement, la promotion d'initiatives auxquelles il participe, dans le but de sauvegarder les valeurs naturelles et culturelles de l'île. Il convient en particulier de signaler les actions entreprises en faveur de la conservation de l'architecture populaire —la publication en 1973 de *Lanzarote: Architecture inédite* répond à cette volonté— et du développement d'une conscience de l'environnement, qui est devenue une des caractéristiques principales actuelles de la société de Lanzarote. Deuxièmement, le tracé d'un itinéraire symbolique permettant de profiter et de jouir du paysage. Un trajet qu'il dote de bornes et d'espaces, *Jameos del Agua, Mirador del Río*, etc., où la contemplation devient une source de plaisir.

L'engagement artistique et éthique de l'artiste envers son île natale n'a pas limité son oeuvre artistique, mais il lui a, bien au contraire, ouvert des chemins insoupçonnés jusqu'alors. Á travers ses oeuvres d'intervention dans l'espace, et il a pu concrétiser sa nouvelle idéologie artistique, qu'il a appelée art-nature/nature-art, à la définition de laquelle il a consacré une bonne partie de son activité créatrice.

L'intérêt de Manrique pour l'urbanisme et l'architecture n'a pas été une vocation tardive. Au début des années cinquante, lors des premières commandes de

Jameos del Agua, Lanzarote.

Jameos del Agua, Lanzarote.

Jameos del Agua, Lanzarote.

Jameos del Agua, Lanzarote.

endowed this route with landmarks, open spaces, *Jameos del Agua*, *Del Río Lookout*..., to enhance the viewer's pleasure.

Surprisingly, Manrique's artistic and ethical commitment to his native island was not limited to art, but rather covered areas unthought of until that time. Hence, it was in his work with spatial design that he was able to materialise his new aesthetic ideal, which he called art-nature/nature-art, the implementation of which received most of his creative attention.

The artist's interest in town planning and architecture did not come late in life. In the early fifties, while

Restaurante El Diablo, Parque Nacional Timanfaya, Lanzarote.

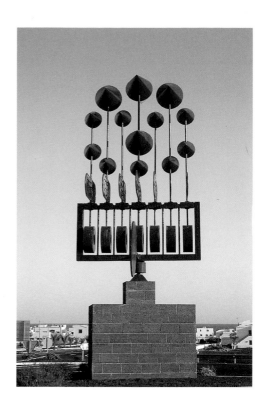

Sin título. Móvil (Serie "Juguetes del viento"), 1992.

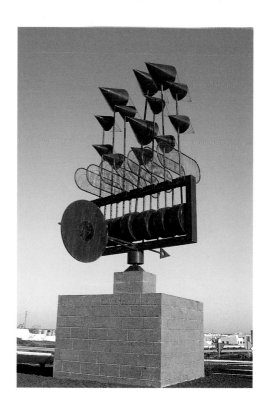

fresques pour Madrid, il participe à la construction de la place de Las Palmas à Arrecife. En 1960, il projette, pour le parc municipal de cette même ville, un petit espace comprenant un bassin avec une sorte de fontaine à l'intérieur, une sculpture en roche volcanique et une zone avec des jardins et des allées pavées de basalte, où on peut observer des aspects à la fois matériels et conceptuels, que l'on retrouvera dans ses créations spatiales postérieures. Son intérêt pour la décoration —dont on peut voir un bel exemple à l'Hôtel Fénix (Madrid, 1956) où il réalisa des fresques, des sculptures, des mobiles et où il laissa son empreinte dans le mobilier et l'illumination— n'est pas non plus une vocation tardive.

C'est ainsi qu'on peut retrouver dans la presse locale et dans les lettres qu'il écrivit à ses amis de l'île tout au long des années soixante la piste d'un certain nombre de propositions qu'il réalise à partir de 1968, lorsqu'il retourne définitivement à Lanzarote. Dorénavant, ses efforts portent sur la coordination de son programme d'actions avec le Gouvernement Provincial des Canaries, sur la direction personnelle des travaux en cours de réalisation à *Jameos del Agua*, dont il avait défini les idées générales au cours de visites antérieures à l'île, et sur la construction de sa résidence, appellée *Taro de Tahíche*.

Bien que Manrique entreprît diverses typologies architectoniques, l'ensemble de sa production spatiale possède un "cachet" caractéristique qui répond à des critères précis. Ses solutions architectoniques renvoient à une vision intuitive sous-jacente de la nature. Il prend constamment celle-ci pour modèle, critiquant de façon radicale l'agressivité avec laquelle nous avons toujours traité l'environnement.

he was painting his first murals in Madrid, we find him participating in the building of the Las Palmas Square in Arrecife. In 1960, he designed a small space in the city's Municipal Park, consisting of a pond —with a kind of fountain inside— a volcanic rock sculpture and a landscaped area paved with basalt rock, which comprises both the material and the conceptual aspects present in subsequent spatial designs. His interest in design and creation of atmospheres also came early in his career, beginning with the interior decoration for the Fénix Hotel (Madrid, 1956), which he adorned with murals, sculptures and mobiles, leaving his mark on fittings and lighting.

Throughout the sixties, there is abundant evidence of these concerns in the local press and in letters written to friends on the island, outlining the proposals which he would later implement when he returned to Lanzarote in 1968. From that time on, his efforts focused on coordinating his plan of action with the Island Council, on personally supervising the work in *Jameos del Agua* —the general idea for which he had outlined during prior visits to the island— and on buiding of his private home, *Taro de Tahíche*.

Although Manrique undertook several architectural styles, as a whole his spatial production has a characteristic "feel" to it, in line with building criteria and solutions which in turn are based on his intuitive view of nature. He took nature as a model time and again, severely criticising mankind's traditionally aggressive treatment of the environment.

His former residence, *Taro de Tahíche,* in Teguise Lanzarote (1968), the home and studio which he designed for himself and since 1992, the headquarters of the foundation bearing his name, may be the work

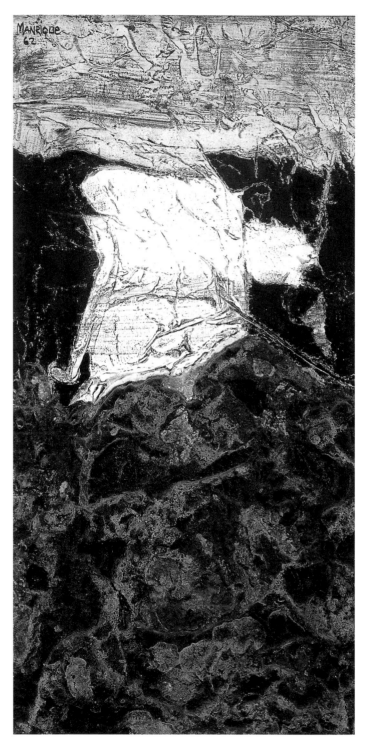

Cuzón, 1962.

Dans Taro de Tahíche.   At Taro de Tahíche.

Son ancienne résidence de *Taro de Tahíche* à Teguise, Lanzarote (1968), —devenue depuis 1992 le siège de la Fondation qui porte son nom— est peut-être l'oeuvre qui résume le mieux les idées personnelles et artistiques de Manrique, sans doute parce qu'il s'agit de la maison-studio qu'il a conçue pour lui-même. Structurée sur deux niveaux reliés entre eux, l'un, supérieur et extérieur, où il recrée l'architecture locale, et l'autre, inférieur et souterrain, formé de cinq bulles volcaniques aménagées en salons et qui n'est visible que de l'intérieur de la maison, elle constitue un parfait exercice de synthèse des valeurs architectoniques appartenant à la tradition locale et à la modernité, en harmonie avec l'environnement. Une synthèse que l'artiste sait conjuguer avec la nature, qu'il ne cache pas, bien au contraire, puisqu'il l'exalte et l'intégra dans la maison.

Avec le peintre Antonio López García.
With painter Antonio López García.

César Manrique Foundation, Lanzarote.

Fondation César Manrique, Lanzarote

César Manrique Foundation, Lanzarote.

Fondation César Manrique, Lanzarote

that best reflects Manrique's personal and artistic ideals. Structured around two interconnected levels —an upper, outdoor level, inspired by local architecture, and a lower, underground level consisting of five volcanic bubbles made into parlours only visible from the inside of the building— it is the perfect synthesis of traditional, local and modern building ideals that blends harmoniously with the surroundings. The foundation for this synthesis is nature, the environment, which the artist integrated into the building, not to alter or conceal it but rather to exalt it.

The architect Frei Otto said of *Taro de Tahíche* that "it is something special. It reminds me of similar houses in Pedregal, Mexico, but this is unique, it is possible, it is Lanzarote altogether, it is totally Manrique, it is old and yet new: grottos, passageways, water, stairways, lighting from the side, from overhead ..." He is quite right in affirming that *Taro de Tahíche* is totally Lanzarote, at least Cesar's Lanzarote, of which his home is a kind of scale model, a garden of Eden, a paradise. Its spirit may be found in most of the artist's architectural designs.

Conditioning a natural space —a common practice among the island's pre-Hispanic inhabitants— for public use and enjoyment takes on special significance in *Jameos del Agua* in Haría, Lanzarote (1968), where the artist recovered a former volcanic tube traditionally used as a dump. This may be Manrique's most accomp- lished work from the standpoint of harmony between the acts of man and of nature, where it is truly difficult to distinguish them, since both seem to have worked to a common purpose in the design of this unusual yet marvellous place. In the *Auditorio* (Auditorium) (1976), also located at *Jameos* but fitted out some time later, nature itself provided the interior decoration, the architecture.

With Their Majesties the King and Queen of Spain, International Museum of Contemporary Art, Lanzarote.

Avec LL. MM. les rois d'Espagne, Musée International d'Art Contemporain, Lanzarote.

Avec le peintre Joan Miró, 1983.

With painter Joan Miró.

L'architecte Frei Otto a dit, en parlant de *Taro de Tahíche*, que "c'est quelque chose de spécial. Elle me rappelle les maisons de Pedregal, au Mexique, mais celle-ci est unique en son genre; c'est entièrement Lanzarote, c'est tout Manrique; elle est ancienne et cependant elle est toute neuve, avec ses grottes, ses couloirs, son eau, ses escaliers, ses lumières latérales, depuis le bas, depuis le haut ..." Otto n'a pas tort lorsqu'il affirme que *Taro de Tahíche* c'est entièrement Lanzarote, tout au moins le Lanzarote dont a rêvé César et dont la maison est plus ou moins une maquette à échelle réduite, un jardin édénique, un espace paradisiaque, tout imprégné d'un esprit que l'on peut retrouver dans la plupart des propositions architectoniques de l'artiste.

L'aménagement d'un site naturel —une pratique par ailleurs assez répandue de la culture préhispanique de l'île— en vue de son utilisation publique prend une importance particulière à *Jameos del Agua*, à Haría, Lanzarote (1968), où Manrique récupère une ancienne cheminée volcanique qui était utilisée comme dépôt d'ordures. C'est peut-être dans cette oeuvre qu'il nous est le plus difficile de distinguer l'action de l'homme et celle de la nature, car les deux semblent avoir obéi au même précepte celui d'un espace insolite et surprenant. À Jameos, se trouve l'auditorium aménagé quelques années plus tard (1976). Ici, c'est la nature, devenant elle-même architecture, qui modèle l'espace intérieur.

Son intérêt pour la conservation de l'architecture traditionnelle a amené Manrique à réaliser la Maison-musée *El Campesino*, à Mozaga, Lanzarote (1968), où il recrée par mimétisme ses éléments les plus caractéristiques. Il sut y creer un dialogue entre l'insulaire et l'universel, en plaçant près de cette construction la sculpture colossale *Fecundidad*, en

Manrique's interest in conserving traditional architecture led him to build the *Casa-Museo del Campesino* (Peasant's House and Museum) (1968), where he re-created and imitated the most characteristic traits of such dwellings. Here his gigantic sculpture *Fecundidad* ("Fertility") —a tribute to farmers which stands near the peasant house— establishes a link between island and universal culture.

The Mirador del Río (Del Río Lookout), located high on a cliff in Haría, Lanzarote (1973), seems to be an initiation, a starting place to contemplate the island's beauty. The interior, made up of organic shapes, is designed to enhance the visual and emotional impact of the impressive panorama visible from behind its huge windows. This same criterion of integration was followed in the *La Peña* (1989) and *El Palmarejo* (1990) Lookouts in El Hierro and La Gomera, respectively.

Because of the peculiarity of the location of the *El Diablo* (1970) Restaurant in Timanfaya National Park, a promontory where very high temperatures are reached at relatively shallow depths, Manrique opted for a solution involving great simplicity of line so as to cause the least possible impact on the fragile surroundings. In this work, in addition to the materials usually found in his architecture —stone, glass...— he incorporated iron and used the existing natural thermal energy both for domestic uses and for a natural oven, designed specifically as a symbol or reference for the building.

However, the artist was interested not only in the design of new spaces but in restoring old buildings: in the *Castillo de San José* (St Joseph's Castle), on the outskirts of Arrecife, he recovered this Eighteenth Century fortress for use as a contemporary art

International Museum of Contemporary Art, Castillo de San José, Lanzarote.

Musée International d'Art Contemporain, Castillo de San José, Lanzarote.

Musée International d'Art Contemporain, Lanzarote.

International Museum of Contemporary Art, Lanzarote.

hommage au travail des paysans.

Situé au sommet d'une falaise, le *Mirador del Río*, à Haría, Lanzarote (1973), avec sa façade adaptée au milieu naturel, semble se présenter comme un espace initiatique d'où l'on peut contempler le paysage. Tout son intérieur, aux formes organiques, se trouve disposé de manière que le panorama impressionnant qui se déploie derrière ses grandes fenêtres nous laisse une impression visuelle et émotionnelle inoubliable. Les miradors de *La Peña*, à El Hierro (1989) et de *El Palmarejo*, à La Gomera (1990), répondent aux mêmes critères d'intégration.

Pour le restaurant *El Diablo* (1970), situé sur un promontoire du Parc national de Timanfaya, où les températures sont élevées à très faible profondeur, Manrique choisit une solution de grande simplicité, afin de nuire le moins possible au fragile environnement. En plus des matériaux qu'il utilise normalement dans ses interventions —pierre, verre...—, Manrique incorpore ici le fer et utilise l'énergie thermique de l'endroit, aussi bien pour son utilisation domestique dans un four naturel conçu à cet effet que pour symboliser l'immeuble.

Mais l'artiste ne s'intéresse pas seulement à tracer les plans de nouveaux espaces, car la réhabilitation d'immeubles fait également partie de sa production spatiale: au Château de San José, aux environs d'Arrecife, il récupère une ancienne forteresse du XIIIe siècle pour en faire un Musée d'art contemporain (1974); à *Taro de Tahíche*, il remodèle sa propre maison pour en faire un Musée et le siège de la Fondation qui porte son nom; et au restaurant *Los Aljibes*, à Tahíche, Lanzarote (1976), il réhabilite deux anciens dépôts d'eau pour une nouvelle utilisation.

Details. International Museum of Contemporary Art, Lanzarote.

Détails.. Musée International d'Art Contemporain, Lanzarote.

Mirador del Río, Lanzarote.

Mirador de la Peña, El Hierro.

Gallery (1974); in *Taro de Tahíche*, he remodelled his own house and converted it into a museum and headquarters for the foundation bearing his name; and in the *Los Aljibes* Restaurant in Tahíche, Lanzarote (1976), he restored two former water deposits for new use.

One of his last works was the *Jardín de Cactus* (Cactus Garden) in Guatiza, Lanzarote (1990), a work synthesising much of his prior experience —which included various art forms— and expressing his life-long artistic ideal: a humane harmonious environment, forming a sort of passageway from which to contemplate the beauty of creation, i.e., the Garden as a philosophy of nature and of life.

Manrique's return to Lanzarote coincided with tourism development in the Canary Islands. The lack of town planning in some cases and poor management in others led to the deterioration of much of the islands' coastline. It is for this reason that the objective of some of the artist's projects was the regeneration of coastal enclaves. Both in *Costa Martiánez*, in Puerto de la Cruz, Tenerife (1970) —where he designed a large artificial lake with pools and park areas— and *Playa Jardín* in the same city (1990) —where he laid the plans for a sand beach protected by different levels of garden terraces— the intention is to improve and remodel the shore.

He also cooperated with architects in a very unique way. In the hotel, *Las Salinas,* Costa Teguise, Lanzarote (1977), by the architect Fernando Higueras, he designed the interior gardens, pools and murals. Manrique's design created a plant and organic-based dialogue with the rationalist structure of the building. In the *La Vaguada* Shopping Mall in Madrid (1983), a project by

En Inde, 1988.   In India, 1988.

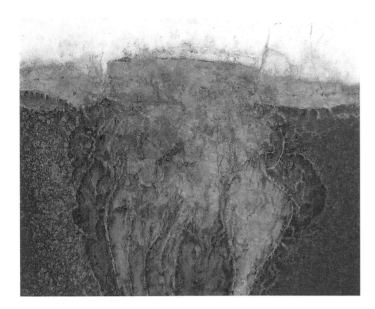

Costa salada, 1980.

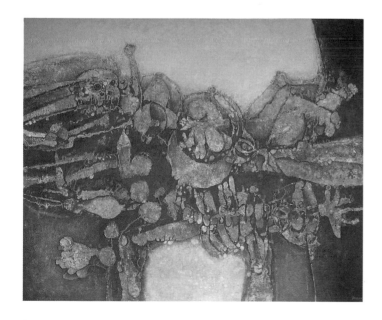

Bajo el volcán, 1977.

Une de ses dernières oeuvres a été le *Jardin de cactus*, à Guatiza, Lanzarote (1990), qui représente la synthèse de toutes ses expériences antérieures où se rejoignent diverses manifestations artistiques et qui exprime son idéal vital et artistique: un milieu humanisé et harmonieux pour s'y promener, en contemplant la beauté de la création, le jardin comme philosophie de la nature et de la vie.

Le retour de Manrique à Lanzarote coïncide avec le développement touristique des Canaries. Le manque de planification urbanistique dans certains cas et la mauvaise gestion dans d'autres ont conduit à la dégradation d'une bonne partie du littoral des îles. C'est pourquoi certaines propositions de l'artiste ont eu comme objectif la régénération de quelques points de la côte. À *Costa Martiánez*, Puerto de la Cruz, Tenerife (1970) —où il projette un grand lac artificiel avec piscines et zones vertes—, comme à *Playa Jardín*, dans la même ville (1990) —où il aménage une plage de sable protégée par des terrasses à jardins disposées sur plusieurs niveaux—, il se proposa l'amélioration et le remodelage du littoral.

Sa collaboration avec les architectes est également singulière. Il est l'auteur des jardins intérieurs, des piscines et des fresques de l'Hôtel las Salinas, à Costa Teguise, Lanzarote (1977), une réalisation de Fernando Higueras. Manrique y voulut établir un dialogue végétal et organique avec la structure rationaliste de l'édifice. Au Centre commercial de la Vaguada, à Madrid (1983), un projet de J. A. Rodrigo, l'intervention de Manrique se remarque particulièrement dans l'enterrement de l'édifice, dans la conception de l'espace extérieur —qui n'a pas été terminé ainsi qu'il avait été projeté— et dans diverses solutions d'aménagement intérieur, comme la présence importante de

Las Salinas Hotel Gardens, Lanzarote.

Jardins, Hotel Las Salinas, Lanzarote.

Casa-Museo El Campesino,
Lanzarote.

Centre commercial La Vaguada
(maquette), Madrid.

La Vaguada Shopping Mall
(part of scale model), Madrid.

J. A. Rodrigo, Manrique's contributions included the underground building design, the organisation of the outdoor areas, a final design which does not match the original plans, and several aspects of interior design, such as the natural lighting on the various storeys of the building.

After his death in September, 1992, some of his unfinished works have been continued by his closest collaborators and aides: the *Parque Marítimo del Mediterráneo* (Mediterranean Marine Park, Ceuta), for instance, in which he proposed building a recreational area, with architectural references to local tradition, on a man-made extension of the shore, or the *Parque Marítimo* (Marine Park), in a deteriorated quarter in Santa Cruz de Tenerife, where the intention was to recover the city's relationship with the sea.

Despite the amount of time he devoted to spatial design, Manrique never abandoned plastic art and always considered himself, above all, a painter. The intimacy of this creative process made it the artistic expression with which he felt most comfortable. Although he never abandoned his characteristic use of materials and abstract language, the evolution of his painting between the late sixties and the early nineties stands as evidence of his new concern for the arrangement of materials with respect to the surface area of the painting and the significance of colour, which recovered the intensity and nuances characteristic of his work in the fifties. After incorporating figurative and allegoric references in the seventies, a tendency soon to be abandoned, he explored other possibilities of expression in painting, enhanced by the incorporation of new materials such as cloth, cardboard, burlap, etc.

Mirador del Palmarejo, La Gomera.

60

lumière naturelle aux différents niveaux de l'édifice.

Après sa mort, en septembre 1992, ses collaborateurs les plus directs ont terminé certains de ses projets inachevés: le *Parc maritime de la Méditerranée* (Ceuta), où Manrique avait proposé une zone de loisirs avec des références architectoniques de l'endroit sur des terrains gagnés sur la mer, ou le Parc maritime de Santa Cruz de Tenerife où l'artiste avait prévu de récupérer, dans une zone détériorée, le rapport que celle-ci entretenait avec la mer.

Malgré ses importants travaux comme créateur d'espaces, Manrique n'a jamais abandonné son activité plastique et il a toujours prétendu être peintre avant toute chose. C'était en effet l'activité créative dans laquelle il se sentait le plus à l'aise, à cause de l'intimité qui la caractérisait. Sans abandonner le langage abstrait qui était le sien, l'évolution de sa peinture entre la fin des années soixante et le début des années quatre-vingt-dix permet de découvrir de nouvelles préoccupations relatives à la disposition de la matière par rapport à la surface du tableau et à la signification de la couleur, en récupérant l'intensité et les nuances propres à des créations des années cinquante. Après avoir incorporé au cours des années soixante-dix des références figuratives et allégoriques qu'il abandonne très vite, ses tableaux s'ouvrent à diverses possibilités expressives qui se sont accentuées grâce à de nouveaux matériaux, tels que des toiles, des cartons, de l'étoupe, etc.

Bien que commencée à la fin des années cinquante, la création de sculptures devient de plus en plus importante à partir des dernières années de la décennie suivante. Pensées, pour la plupart, pour être intégrées dans ses interventions spatiales et, par

Montant une sculpture dans le Jardin de Cactus, Lanzarote, 1989.
Assembling a sculpture in the Jardin de Cactus, Lanzarote, 1989.

Jardín de Cactus, Lanzarote.

Cactus. Jardín de Cactus, Lanzarote.

Jardín de Cactus

Although he began to sculpt in the late fifties, it was not until a decade later that he started to devote much time to this activity. Usually conceived to be incorporated in his spatial designs, and therefore subject to the aesthetics of the work as a whole, his sculptures, unlike his paintings, are open to different languages: post-Dadaist, post-Cubist, pop, kinetic. Stray objects found in passing, iron, wood, trees or reinforced concrete provided the materials for his imagination.

But the fact that Manrique cultivated various creative trends should not be an obstacle to our understanding of the artist, because underlying all his work is the express will to integrate all his creative potential, a concept which is explicit in his spatial designs. This effort to reach a harmonious balance reflects not only his passion for the kingdom of beauty but also for life, since the essence of his art was to serve life.

Although some reference has been made here to his thinking, it should be stressed that Manrique's artistic ideals arose from his special way of looking at art, nature and the world in general, aspects which were never dissociated in him but rather woven into the vital fabric of the artist and the man. Manrique's keen awareness of the brevity of existence, which he considered to be a miracle, made love for life the quality he valued most. Contemplating life was his greatest joy and any of its expressions —flowers, fish, insects, birds or stars— a constant invitation to wonder at its perfection.

Nature was the fundamental reference in his art and his life, and it was there that he attempted to find the answers:

Man has had to become gradually integrated in the

Hombre verde, 1990.

conséquent, sujettes aux nécessités esthétiques de l'ensemble, ses sculptures, contrairement à ses peintures, suivent différents courants: postdada, postcubisme, pop, cinétique. Des objets trouvés comme le fer, le bois, les arbres, le béton armé servent de matériaux à son imagination.

Mais les différents aspects créatifs cultivés par Manrique ne doivent pas perturber notre vision de l'artiste, car toute son oeuvre repose sur sa volonté évidente d'intégrer son potentiel créatif, une intention explicite dans ses créations spatiales. Un effort d'harmonisation qui n'est pas limitée à sa passion envers la beauté, mais qui porte aussi sur la vie, car ce qui l'a surtout caractérisé, c'est justement sa manière de mettre l'art au service de la vie.

Bien que nous en ayons déjà parlé, rappelons toutefois que les propositions artistiques de Manrique ont leur origine dans sa manière toute particulière de concevoir l'art, la nature, le monde en définitive, des aspects qu'il n'a jamais dissociés, mais qui bien au contraire constituent l'essence même de l'artiste et de l'homme. Manrique revendique comme valeur suprême l'amour de la vie, conscient qu'il est de la brièveté de l'existence qu'il considère un vrai miracle. La contemplation de la vie est pour lui le plus beau spectacle imaginable, quelle qu'en soit la manifestation —fleurs, poissons, insectes, oiseaux ou astres—, une invitation constante à l'étonnement devant la perfection.

La nature a été la référence fondamentale de son art et de sa vie, et c'est là qu'il cherche une réponse:

"L'homme a dû s'intégrer peu à peu dans les moindres recoins de la nature pour y découvrir la

La mujer y su sombra, 1990.

Aplastado, 1985.

Explosión, 1984.

tiny nooks of nature to find the truth in life. All I want to do is be a part of nature, so that it may help me and I may help it.

His was a peculiar relationship —where play was the vehicle for communication, for dialogue— which led him to a state of personal reconciliation and perception, of higher, aesthetic pleasure. Hence the illustrative and missionary nature of his thinking, the utilitarian nature of his art; he felt that the objective of education — ethical and aesthetic education— should be happiness and deemed the commitment to the defence of the environment, the substrate that supports life, to be an undisputed principle.

At his Haría home, 1992.   Dans sa maison de Haría, 1992.

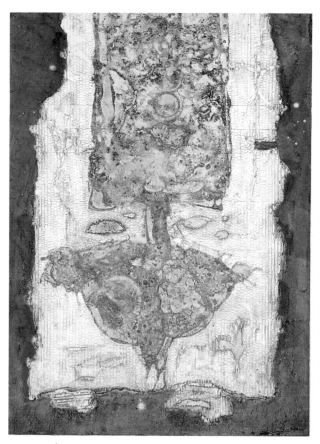

Sobre cal, 1990.

vérité de la vie. La seule chose que j'essaie est de m'associer à la nature, pour qu'elle m'aide et pour pouvoir l'aider."

Un rapport tout particulier, où le jeu est le moyen de communication et de dialogue qui l'amène à un état de réconciliation personnelle et de perception, de jouissance esthétique supérieure. D'où la dimension cultivée et engagé de sa pensée, le caractère utilitaire de son art: éduquer pour le bonheur, une éducation éthique et esthétique, où l'engagement pour la défense de l'environnement considéré comme la base de la vie est un principe auquel nul ne peut renoncer..

Haria

◄ His house at Haría.
Sa maison de Haría.

CRONOLOGY

CHRONOLOGIE

1919 Born in Arrecife, Lanzarote.

1942 First individual exhibition. Arrecife, Lanzarote.

1945 On a scholarship, attends the St Ferdinand Fine Arts Academy, Madrid, leaving in 1950.

1953 First experiments with non-figurative painting.

1954 Participates in the founding of the Fernando Fe Gallery, Madrid. First exhibition of abstract painting, in the Clan Gallery, Madrid.

1955 Participates in the 28th Venice Biennial and the Third Latin American Biennial (Havana, Cuba).

1959 Takes part in collective exhibitions dedicated to young Spanish painters in Paris, Fribourg, Basle, Munich, Rio de Janeiro, Buenos Aires, Montevideo, Lima, Santiago de Chile, Valparaiso and Bogota.

1960 Participates in the 30th Venice Biennial.

1965 In the early sixties, he stages exhibitions in Spain, Europe and the United States. Moves to New York. Exhibitions in the Catherine Viviano Gallery in New York, beginning in the following year and through 1970.

1966 First phase of Jameos del Agua, Lanzarote.

1968 Returns to Lanzarote to stay indefinitely. Installs the monumental sculpture "Fertility" in the centre of the island, as a tribute to the island's farmers, and builds the "Peasant's House and Museum" in the same enclave.

Builds the first phase of his home, Taro de Tahíche, Lanzarote.

1970 Begins the Costa Martiánez project, Tenerife.

Builds the *El Diablo* Restaurant in Montañas del Fuego, Timanfaya, Lanzarote. Exhibitions in Spain and Europe throughout this decade.

1973 Finishes work on the *Del Río Lookout*, Haría, Lanzarote.

1974 Publishes *Lanzarote, arquitectura inédita* (*Lanzarote, untold architecture*).

Designs the cultural centre El Almacén Polydimensional

1919 Il naît le 24 avril à Arrecife, Lanzarote.

1942 Première exposition individuelle. Arrecife, Lanzarote.

1945 Disposant d'une bourse, il s'installe à Madrid. Il commence ses études à l'École Supérieure des Beaux-Arts de San Fernando qu'il termine en 1950.

1953 Premières recherches de peinture non figurative.

1954 Il participe à la fondation de la Galerie Fernando Fe, Madrid.

Première exposition de peinture abstraite à la Galerie Clan, Madrid.

1955 Il participe à la XXVIIIe Biennale de Venise et à la IIIe Biennale Hispano-américaine (La Havane, Cuba).

1959 Il participe à des expositions collectives consacrées à la jeune peinture espagnole à Paris, Fribourg, Bâle, Munich, Rio de Janeiro, Buenos Aires, Montevideo, Lima, Santiago, Valaparaíso et Bogotá.

1960 I participe à la XXXe Biennale de Venise.

Au cours des premières années de la décennie, il expose en Espagne, en Europe et aux États-Unis.

1965 Il s'installe à New-York.

Il expose à New-York à la Galerie Catherine Viviano de 1966 à 1970.

1966 Inauguration de la première phase des Jameos del Agua, Lanzarote.

1968 Il revient définitivement à Lanzarote.

Il installe au centre de l'île la sculpture monumentale *Fecundidad*, un hommage aux paysans de l'île, et il construit au même endroit la Maison-musée *El Campesino*. Il construit la première phase de sa résidence *Taro de Tahíche*, Lanzarote.

Il commence le projet de *Costa Martiánez*. Tenerife.

1970 Il réalise le restaurant *El Diablo* aux Montañas de Fuego, Timanfaya, Lanzarote.

Il continue pendant cette décennie d'exposer en Espagne et en Europe.

Centre, Arrecife, Lanzarote.

1976 Begins the Auditorium in Jameos del Agua. Haría, Lanzarote.

Designs the Los Aljibes Restaurant, Tahíche, Lanzarote.

Inauguration of the International Contemporary Art Gallery in St Joseph's Castle, restored and fitted out for this purpose. Arrecife, Lanzarote.

1977 Garden and pools, Las Salinas Hotel. Costa Teguise, Lanzarote.

1980 Granted the Gold Medal of the Fine Arts.

1981 Granted the award "Goslarer Monchenhaus-preises für Künst und Umwelt 1981" by the City of Goslar, Germany.

Exhibitions in Spain and Europe throughout this decade.

1982 Granted the Dutch "Nederlans Laureat Van D'Abeod".

1983 "Madrid-2" Shopping Centre inaugurated in Madrid.

1986 Granted the Europa Nostra Award for his artistic and environmental work in Lanzarote.

1987 Inauguration of the Jameos del Agua Auditorium.

1973 Il termine le *Mirador del Río*, Haría, Lanzarote.

1974 Il publie *Lanzarote, architecture inédite*.

Il réalise l'espace culturel *Centro Polidimensional El Almacén*, Arrecife, Lanzarote.

1976 Il commence l'Auditorium des *Jameos del Agua*, Haría, Lanzarote.

Il réalise le restaurant *Los Aljibes*, Tahíche, Lanzarote.

Inauguration du Musée international d'art contemporain, installé au château de San José, restauré et aménagé à cet effet à Arrecife, Lanzarote.

1977 Jardins et piscines de l'Hôtel Las Salinas, Costa Teguise, Lanzarote.

1980 Il reçoit la Médaille d'Or des Beaux-Arts.

1981 La ville de Goslar (Allemagne) lui décerne le Prix "Goslarer Monchenhaus-Preises fur Kunst und Umwelt 1981".

Il continue, pendant cette décennie, d'exposer en Espagne et en Europe.

1982 Il reçoit le "Nederlans Laureat Van D'Abeod" des Pays-Bas.

1983 Inauguration du "Centre commercial Madrid-2". La Vaguada, Madrid.

1986 Il reçoit, pour ses travaux artistiques et en faveur de l'environnement à Lanzarote, le Prix Europa Nostra.

1987 Inauguration de l'Auditorium des *Jameos del Agua*.

1988 Il s'installe dans sa nouvelle résidence de Haría, qu'il a construite et décorée lui-même.

Il publie *Escrito en el fuego*.

1989 Inauguration du *Mirador de la Peña*, El Hierro.

Avant-projet du *Parc maritime de la Méditerranée*, Ceuta.

Il reçoit le Prix des Beaux-Arts des Canaries, institué par le Gouvernement des Canaries.

Projet du mirador de Valle del Gran Rey, La Gomera.

Il est nommé membre du comité espagnol du Programme MAB (L'homme et la biosphère) de l'Unesco.

Il reçoit le prix "Fritz Schumacher" de la Fondation F.V.S. de

1988 Moves to his new house in Haría, built and decorated by the artist.

Publishes Escrito en el fuego (Written in fire).

1989 Inaugurates the La Peña Lookout. El Hierro.

Draft project for the Mediterranean Marine Park, Ceuta.

Receives the Canary Island Fine Arts Award, instituted by the Government of the Canary Islands. Project for the Valle del Gran Rey Lookout. La Gomera. Appointed to the Spanish Committee for the UNESCO MAB (Man and the

Biosphere) Programme.

Receives the "Fritz Schumacher" Prize from the F.V.S. Foundation at Hamburg.

1990 Inaugurates the Cactus Garden, Guatiza, Lanzarote.

1991 Project for Santa Cruz Marine Park, Tenerife.

Itinerant anthological exhibition organized by the Canary Island Government. La Regenta Art Centre (Las Palmas de Gran Canaria).

1992 Inauguration of the César Manrique Foundation in the former residence at Taro de Tahíche.

Individual exhibition at Expo-92, Seville. Arenal Rooms.

Dies in automobile accident in Tahíche, Lanzarote on September 25.

Hambourg.

1990 Inauguration du *Jardin de cactus*, Guatiza, Lanzarote.

1991 Projet du Parc maritime de Santa Cruz, Tenerife.

Anthologie itinérante organisée par le gouvernement des Canaries. Centre artistique "La Regenta" (Las Palmas, Grande Canarie).

1992 Inauguration de la Fondation César Manrique, installée dans son ancienne résidence de Taro de Tahíche.

Exposition individuelle à l'Expo-92 de Séville, Salles de l'Arenal.

Il meurt le 25 septembre dans un accident de voiture à Tahíche, Lanzarote.

BIBLIOGRAPHY

BIBLIOGRAPHIE

Gómez Aguilera, Fernando: "Arte y naturaleza en la propuesta estética de César Manrique", Revista Atlántica nº 8, Las Palmas de Gran Canaria, 1994.

Hernández Perera, Jesús: *Manrique*, Galería Theo, Madrid, 1978.

Manrique, César: *Lanzarote: Arquitectura inédita*, Lanzarote, 1974.

Manrique, César: *Escrito en el fuego*, Edirca, Las Palmas de Gran Canaria, 1991.

Santana, Lázaro: *Manrique*, Edirca, Las Palmas de Gran Canaria, 1991.

Santana, Lázaro: *César Manrique: Un arte para la vida*, Editorial Prensa Ibérica, Barcelona, 1993.

VV.AA.: *Manrique: hecho en el fuego*, Viceconsejería de Cultura y Deportes, Gobierno de Canarias, Islas Canarias, 1991.

VV.AA.: *Manrique: Arte y naturaleza*, PROEXCA, Pabellón de Canarias, Sevilla Expo-92.

2.ª Edición, febrero 1996

© De la presente edición
Fundación César Manrique
Taro de Tahíche, 35509
Teguise, Lanzarote

© Del texto
Fernando Ruiz Gordillo

Diseño y maquetación
Manuel Ferro

Traducción
VERBATIM

Corrección de pruebas
Hillary Dike (Inglés)
Beatriz Jung (Alemán)
Sirk (Francés)

Fotografías
Archivo Fundación César Manrique
Pedro Martínez de Albornoz

Fotomecánica
Lucam

Encuadernación
Méndez

Impresión
MARIAR, S.A.
Tomás Bretón, 51
28045 Madrid

ISBN: 84-88550-08-1
Depósito Legal: M-22193-1995

IMPRESO EN PAPEL ECOLÓGICO

César Manrique,

editado por la Fundación César Manrique,

se acabó de imprimir

el 23 de junio de 1995

en los talleres de Mariar S. A.,

en Madrid.